I0843514